I0171452

www.ingramcontent.com/pod-product-compliance
Lightning Source LLC
Chambersburg PA
CBHW081636040426
42449CB00014B/3338
9781771435789

My Guide Inside (Book I) Primary Learner Book
Hebrew Language Edition
(Black+White Edition)

המדריך הפנימי שלי

להכיר את עצמי ולהבין את עולמי
ספר 1

כריסטה קמפסול

עם

קת'י מרשל אמרסון

תרגום: אביבה פשחור

שיחות חינוכיות מתוך הבנת שלושת העקרונות

myguideinside.com

CCB Publishing
British Columbia, Canada

My Guide Inside (Book I) Primary Learner Book Hebrew Language Edition (Black+White Edition)
המדריך הפנימי שלי
להכיר את עצמי ולהבין את עולמי
ספר 1
Copyright © 2018, 2022-2023 by Christa Campsall – http://www.myguideinside.com
ISBN-13   978-1-77143-578-9
First Edition, Revised (Black+White Edition)

Library and Archives Canada Cataloguing in Publication
Title: My guide inside (book I) primary learner book Hebrew language edition (black+white edition) / by Christa Campsall
with Kathy Marshall Emerson, translated by Aviva Pashchur.
Names: Campsall, Christa, 1954-, author.
Issued in print format.
ISBN 9781771435789 (softcover)
Additional cataloguing data available from Library and Archives Canada

My Guide Inside® is a registered trademark of Christa Campsall (3 Principles Ed Talks)
Authored With: Kathy Marshall Emerson
Conceptual Development: Barbara Aust and Kathy Marshall Emerson
Design: Josephine Aucoin
Production: Tom Tucker
Webmaster: Michael Campsall
Stock Images: Shutterstock
Translation: Aviva Pashchur
Editing: Liora Daus; Orit Eshel PhD.

למה ינשוף?

לאורך השנים כמורה, קיבלה כריסטה ינשופים שונים כמתנה. היא אוהבת אותם כסמל
לחכמה שכולנו חולקים. החל מימי קדם ולאורך ההיסטוריה, תרבויות שונות ראו בינשוף
עוף הקשור לחכמה והדרכה. עיני הינשוף העגולות והגדולות מסמלות ראיית ידע. למרות
שלעיתים הוא מקושר לרעיונות אחרים, בשל הקשר לחכמה, להדרכה ולראיית ידע, נבחר
הינשוף כסמל הגרפי של *המדריך הפנימי שלי*. כריסטה מקווה שפרשנות זו משמעותית גם
עבורכם. מי שיצר את הגרפיקה של המדריך הפנימי הוא אחד מתלמידיה לשעבר של כריסטה שהינו גרפיקאי כיום, ג'ו אוקין.

Publisher: CCB Publishing
               British Columbia, Canada
               www.ccbpublishing.com

תוכן עניינים

הערה: המדריך הפנימי שלי, ספר לתלמיד I נכתב ברמת קריאה של כיתות ב׳-ג׳. חלקים מהספר שימשו בהצלחה גם ברמת גן וכיתה א׳. אנו מעודדים מורים להשתמש בספר כמשאב ולהתאים אותו על פי הצורך. למטרת הקרנה על מסך גדול בכיתה, תוכלו למצוא חלק מעמודי הספר באתר האינטרנט של המדריך הפנימי שלי (myguideinside.com).

מה ילדים אמרו שלמדו

✳ "החכמה לוחשת לי."

✳ "הדבר הטוב ביותר שלמדתי היה שהמדריך הפנימי שלי פתר את כל הבעיות שלי. והבעיה שלי הייתה שדאגתי יותר מדי."

✳ "למדתי להקשיב לקול הקטן בתוכי."

✳ "למדתי שלכל אחד יש מדריך פנימי. אם תשתמשו בו, תעשו את הבחירה הנכונה."

✳ "למדתי לא להסתבך בסכסוך."

✳ "למדתי שאפשר להיות חברים טובים גם כשלא מסכימים"

✳ "הדבר הטוב ביותר שלמדתי הוא להישאר רגועה וסקרנית במקום מהירה וסוערת."

✳ "הדבר הטוב ביותר שלמדתי היה שלהיאחז במחשבות רעות זה לא טוב."

✳ "הדבר הטוב ביותר שלמדתי היה להיפטר ממחשבות רעות. אני מניח להן לחלוף."

✳ "למדתי שהשמש תמיד זורחת, גם אם מסתיר אותה ענן כבד ושחור"

✳ "אני יכולה לשלוט בעצמי ולהיות פחות מוסחת."

✳ "אני סומך על מה שאני חושב ומרגיש טוב עם זה. אני מרגיש אמיץ יותר. אתם צריכים לסמוך ולהיות אמיצים."

✳ "הדבר הטוב ביותר שלמדתי הוא שלהרגיש סבבה זה טבעי."

1. גלו את המדריך הפנימי שלכם

"מי רוצה לעזוב את הקן? לעוף מהעץ שלנו?" שאלה אמא ינשופה.

"לא אני!"

"לא אני!" "לא אני!"

"יום אחד תהיו מוכנים, יום אחד אתם תעופו."

"מתי?" צייצה הוטי, כשפיפ הכריז בקול רם: "לא עכשיו!"

"אתם תדעו מתי, ואתם תדעו איך! פשוט תקשיבו פנימה."

פרק 1: גלו את המדריך הפנימי שלכם

קדימה הצטרפו!

בואו נלמד משהו חדש:

יש לך מדריך פנימי - חכמה ושכל ישר.

לכל אחד ואחת יש מדריך פנימי. פשוט חפשו את ההרגשה.

את/ה יכול/ה לסמוך על המדריך שלך. הוא מכוון אותך לדרך הנכונה.

למדי להכיר את עצמך ואת עולמך. זה כיף לגלות את המדריך הפנימי שלך! המדריך תמיד איתך. נולדת עם מתנת החכמה הזאת.

פתרו את החידה

מי זה?

הוא לא מהעבר

הוא לא בעתיד

הוא תמיד נוכח

אינכם יכולים לגעת בו, לראות אותו, או להכניס אותו לקופסא

אתם מזהים אותו לפי ההרגשה הטובה

לכולנו יש אותו

מי זה?

2

המדריך היקר שלכם

יש לך מדריך בפנים: חכמה ושכל ישר. המדריך שלך מלא בתובנות. תובנות הן רעיונות חדשים ומועילים. אתה רק צריך לשים לב.

מה קורה כששמים לב?

תוך כדי שאנחנו חיים בעולמנו,

24 שעות ביום,

7 ימים בשבוע,

365 ימים בשנה,

(24/7/365),

החכמה נוכחת!

לכל אחד ואחת יש מדריך פנימי. פשוט חפשי את ההרגשה. כשאת רגועה, את שמה לב להרגשה הטובה. אז ממש פשוט להקשיב לחכמה שלך.

אתה יכול לסמוך על המדריך שלך. הוא מכוון אותך לדרך הנכונה. אתה תדע מה לעשות.

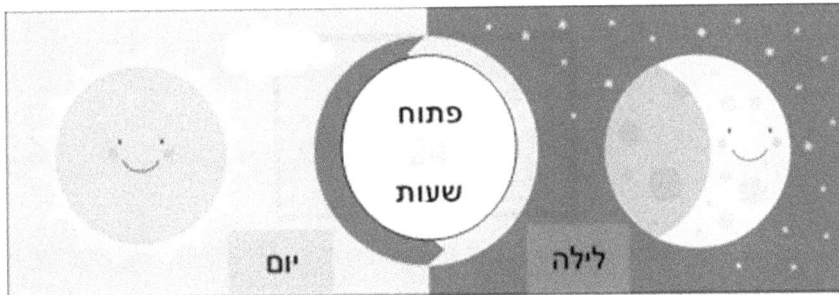

חשבו על פעם ש...

כשהייתם קטנים, האם תמיד לקחתם איתכם משהו מיוחד? האם ישנתם איתו?

דניאל תמיד לקח איתו את מומו – דב הפרווה שלו.

לפעמים, מומו הקטן נעלם. דניאל בכה וצרח עד שמצאו אותו.

יום אחד הוריו של דניאל לקחו אותו לפארק. הוא כל כך שמח לראות את כל הילדים. הוא רץ לשחק. הוא שכח את מומו במכונית.

דניאל אהב לשחק עם הילדים. הוא לא חשב על מומו בכלל! אחרי זה דניאל לא תמיד סחב את מומו איתו לכל מקום. כשהלך לבית הספר, הוא ידע שזה בסדר להשאיר את מומו בבית.

דניאל תמיד שמר על מומו בחדרו בבית. לפעמים הוא עדיין לקח את מומו למיטה איתו. דניאל התחיל להרגיש בטוח לא משנה היכן מומו נמצא.

האם קרה לכם משהו כזה? או האם אתם מכירים ילד או ילדה שקרה להם משהו דומה למה שקרה לדניאל עם הדובי מומו?

המדריך הפנימי שלנו עוזר לנו לגדול

תגובות לקריאה

הצטרפו לשיחה

מהו המדריך הפנימי שלכם?

מהו השם הטוב ביותר שיש לכם עבורו?

איך המדריך הפנימי שלכם עוזר לכם?

חברו את הנקודות

"פשוט חפש את ההרגשה. כשאתה רגוע, אתה מבחין בהרגשה הטובה. ואז זה פשוט להקשיב לחכמה שלך."

חשבו על מצב בו הייתם רגועים והבחנתם בהרגשה טובה.

היו מלאי פליאה

היו סקרנים! חקרו את הנקודות המועילות הבאות:

יש לך מדריך פנימי - חכמה ושכל ישר.

לכל אחד ואחת יש את המדריך הפנימי הזה. פשוט חפשי אחר ההרגשה.

את יכולה לסמוך על המדריך שלך. הוא מכוון אותך בדרך הנכונה.

צרו לכם יומן

צרו יומן עבור התגובות שלכם לקריאה. ציירו תמונה שלכם על הכריכה.

הראו את ההבנה שלכם

חשבו על מצב בו הייתם מאושרים. עשיתם משהו שאהבתם? הייתם פעילים או שקטים? כתבו או ציירו תמונה על המצב המאושר הזה ביומן שלכם. חברו משפטים, ציירו תרשים או השתמשו ברעיונות משלכם.

פעילויות

צרו עבודת אמנות גדולה, מלאת אור ויפה

איך אתם מדמיינים את המדריך הפנימי שלכם?

ציירו תמונה. השתמשו ברעיון ייחודי משלכם.

תנו כותרת לתמונה: "המדריך הפנימי שלי הוא כמו ..."

הציגו את התמונה שלכם כדי לראות את הרעיונות השונים של הקבוצה.

שחקו ותיהנו: הקשיבו כדי להישאר במשחק

כדי להישאר במשחק, עשו פעולות רק כאשר אתם שומעים: "הרצל אמר."

דוגמאות לפעולות: התנהגו כמו גור, גזרו כמו מספריים, רקדו ריקוד שמח, ציירו עם הרגליים, דהרו כמו סוס, חבקו את עצמכם, נגנו "בגיטרה" באוויר , עמדו על רגל אחת כמו חסידה.

איך המדריך הפנימי שלכם עזר לכם להישאר במשחק?

מילים גנדרניות

כדאי לדעת מילים אלה ולהשתמש בהן:

בטוח – מרגיש טוב, מרגיש בנוח

גנדרני – מהודר, יפה

המדריך הפנימי שלי – החכמה שלי, השכל הישר שלי, התובנה שלי

חכמה – תובנה, לדעת מה נכון לעשות

להקשיב – להאזין עמוקות, כמו "להאזין עם הלב"

ליצור – לעשות יש מאין

מאושר – מרגיש טוב, שמח

מודאג – מבואס, מפוחד, מוטרד

מועיל - שימושי

מחשבה – הכוח לחשוב, הכוח ליצור רעיונות

נוכחת – נמצאת ברגע הזה, נמצאת כאן ועכשיו, נמצאת בתוככם, נמצאת איתכם

סקרנית – מגלה התעניינות

רגוע – שלו, שקט, דומם

שכל ישר – הכוח שלכם לעשות בחירות נבונות וטובות, היגיון בריא

תובנה – מחשבה חדשה ומועילה; רעיון ייחודי, חדש ומועיל

2. הרגשות שלי נובעים ממחשבות

חופשיים מעשבים שוטים, הצמחים בגן צומחים.

אם אני מנקה מחשבות לא רצויות, הרגשות הטובים שלי גדלים.

אני יכול/ה להבחין ברגשות הטובים שלי בכל יום!

פרק 2: הרגשות שלי נובעים ממחשבות

קדימה הצטרפו!

בפרק 1 גיליתם את המדריך הפנימי שלכם. בפרק 2 תלמדו שהרגשות שלכם נוצרים על ידי המחשבות שלכם.

בואו נלמד משהו חדש:
המחשבות שלי יוצרות את הרגשות שלי.
כל הרגשות שלי נובעים ממחשבה.
אני מניח/ה למחשבות לא רצויות לחלוף, והרווחה הנפשית מורגשת.

סיפורם של נעמי ונועם

נעמי ונועם חולקים המון! יש להם בדיוק אותו חדר, אותו בית, אותה משפחה ואותן חיות מחמד. הם באותה כיתה בבית ספר. הם אפילו חולקים את אותו יום הולדת.

האם נעמי ונועם חוו אי פעם את אותו יום בדיוק? האם אי פעם יחוו אותו יום בדיוק?

היום של נעמי

נעמי מרגישה מוטרדת ומודאגת. היום התור שלה "להראות ולשתף" בכיתה. המורה קוראת לנעמי לשתף. נעמי לא זזה. היא רק מסתכלת למטה. היא מרגישה פחד.

נעמי עדיין מוטרדת כשהיא חוזרת הביתה. החתלתולה שלה, מיצי, לועסת צעצוע. נעמי מושכת את זנב החתלתולה. מיצי מיללת ורצה אל מתחת למיטה.

אחרי ארוחת הערב, סבתא ואמא מנקות. אמא חדה חידה קטנה: "דמיינו שאתם רוצים לצאת מחדר שאין לו דלת או חלונות. מה תעשו?"

עיניה של נעמי נדלקות. היא מצחקקת ואומרת: "תפסיקו לדמיין את זה!"

היום של נועם

אחרי הלימודים נועם הולך עם סבתא לקניות. הוא מתחנן לפינוק, אבל סבתא אומרת: "לא!" נועם כועס ומתפרץ כמו הר געש. בדרך הביתה, נועם מסתתר מאחורי סבתא ולא אומר שלום לחברתה שהם פוגשים ברחוב.

אחרי ארוחת הערב, נועם עסוק בכתיבת הספר שלו. הוא מרים את עיניו ורואה את אחיו הקטן נופל. נועם מרים אותו בעדינות. הוא נותן לתינוק חיבוק.

פלא קטן

לא עובר זמן רב וסבתא קוראת: "נועם! נעמי! הגיע הזמן לישון." התאומים נכנסים למיטותיהם. סבתא אומרת "ספרו לי על היום שלכם."

"טוב, סבתא, במשך היום נעמי הרגישה מוטרדת. אחרי ארוחת ערב אמא חדה לה חידה מצחיקה. נעמי פשוט חזרה להיות שטותניקית ושמחה שוב." אמר נועם.

נעמי הצטרפה. "אני יודעת שנועם כעס שלא קיבל פינוק. ראיתי שהוא היה נחמד לאח הקטן שלנו הערב."

סבתא צחקקה. "אני רואה ששניכם חכמים. אגלה לכם פלא קטן. המחשבה שלי יוצרת את ההרגשה שלי. כל הרגשות שלי נובעים ממחשבות. כל הרגשות שלכם באים מהמחשבות שלכם."

המחשבה שלי יוצרת את ההרגשה שלי

"אז?" נועם שואל.

"אז מה?" נעמי אומרת במבט תמה.

"אז הזמן שלכם יכול להיות סוער או שטוף שמש ורוגע. תנו למחשבות לא רצויות לחלוף והרווחה הנפשית שלכם מורגשת." מסבירה סבתא.

"היו לי הרבה רווחים היום!" אומרת נעמי בגאווה.

סבתא צוחקת. "אמרתי רווחה נפשית. זה אומר להרגיש סבבה."

"אההה! רווחה נפשית!" נעמי חוזרת ונועם מצחקק.

"מה היה החלק הכי טוב של היום שלכם?" שואלת סבתא.

נעמי אומרת שהיא אהבה את החידה. נועם אומר שזה היה החיבוק שנתן לאחיו הקטן. נועם שואל: "סבתא, אנחנו יכולים לקבל חיבוק עכשיו?"

סבתא מחזיקה אותם קרוב אליה. היא אומרת ברכות: "אל דאגה. דעו שאתם יכולים להיות מאושרים. דעו שאני אוהבת אתכם לא משנה מה!"

דעו שאתם יכולים להיות מאושרים.

פלא קטן

למחרת בלילה, סבתא שואלת שוב את נועם ונעמי איך היה היום שלהם. שניהם חושבים שהיום היה טוב יותר.

סבתא מחייכת. "הנה פלא קטן: הקשיבו למדריך הפנימי שלכם. קול החכמה הקטן הזה עוזר לכם להרפות ממחשבות לא רצויות. למה שמתם לב היום?"

"ובכן, אני לא צריך להתפרץ כמו הר געש כשאני לא מקבל את מה שאני רוצה," נועם מודה.

"ואני לא צריכה לחשוב כמו חתלתולה מפוחדת," נעמי מוסיפה.

"איך אתם מרגישים כשאתם נותנים למחשבות לא רצויות פשוט לחלוף?" סבתא שואלת.

"אני מרגישה אמיצה יותר. אולי אדבר בכיתה מחר." אומרת נעמי באיטיות.

"אני מרגיש שמח!" נועם אומר.

"עכשיו אתם יודעים! תנו למחשבה לא רצויה לחלוף, והרווחה הנפשית מורגשת. זה נכון גם לגבי!" סבתא אומרת. "אני מאחלת לשניכם חלומות מתוקים. להתראות בבוקר!"

נועם ונעמי לוחשים "להתראות בבוקר!"

תגובות לקריאה

הצטרפו לשיחה

האם לנועם ולנעמי יש בדיוק אותן מחשבות?

איך נעמי הרגישה כשהגיע תורה לשתף בכיתה?

איך היא הרגישה כשידעה לפתור את החידה?

מה השתנה?

איך נועם הרגיש כשלא קיבל פינוק?

איך הוא הרגיש כשעזר לאחיו הקטן?

מה השתנה?

מה למדתם מהסיפור הזה?

חברו את הנקודות

"כל הרגשות שלך נובעים מהמחשבות שלך. הזמן שלך יכול להיות סוער או שטוף שמש ורוגע. תני למחשבות לא רצויות לחלוף והרווחה הנפשית שלך מורגשת."

חשבו על מצב בו הבחנתם ברווחה הנפשית שלכם והזמן שלכם היה שטוף שמש ורגוע. על מה חשבתם? באיזו הרגשה הבחנתם?

היו מלאי פליאה

היו סקרנים! חקרו את הנקודות המועילות הבאות:

המחשבה שלי יוצרת את ההרגשה שלי. כל הרגשות שלי נובעים ממחשבות. אני נותן למחשבות לא רצויות לחלוף, והרווחה הנפשית מורגשת.

הראו את ההבנה שלכם

נועם ונעמי למדו על רווחה נפשית. איך זה יכול לעזור לכם? כתבו או ציירו ביומן שלכם. אתם יכולים לחבר משפטים, לצייר מפת חשיבה או להשתמש ברעיון משלכם.

פעילויות

צרו עבודת אמנות גדולה, בהירה ויפה

ציירו את היום של נועם. קפלו את הנייר לשניים. בצד אחד הראו את נועם מתפרץ כמו הר געש. בצד השני הראו את נועם עוזר לאחיו הקטן.

מה השתנה? הכל!

או

ציירו את היום של נעמי. קפלו את הנייר לשניים. בצד אחד הראו את נעמי מתנהגת כמו חתלתולה מפוחדת. בצד השני הראו את נעמי צוחקת מהבדיחה.

מה השתנה? הכל!

או

ציירו את היום שלכם. קפלו את הנייר לשניים. בצד אחד הראו את עצמכם ביום סוער. בצד השני הראו את עצמכם ביום שטוף שמש ורוגע.

מה השתנה? הכל!

שחקו ותיהנו: הקפאת הפעולה

אנחנו יכולים לדאוג אחד לשני. אנחנו יכולים לבקש עזרה או שאנחנו יכולים לעזור.

נסו את משחק 'הקפאת הפעולה'.

התחלקו לשתי קבוצות. אם אתם בקבוצה 1 אתם זקוקים לעזרה. אם אתם בקבוצה 2 אתם עוזרים. מקפיאים את הפעולה כדי להראות מה כל אחד חושב ומרגיש.

קבוצה 1 משחקת שהיא אבודה במדבר ביום לוהט וזקוקה לעזרה. מקפיאים את הפעולה. אתם במדבר. מה אתם חושבים ומרגישים?

קבוצה 2 משחקת שהיא מחפשת את הילדים האבודים כדי לעזור להם. מקפיאים את הפעולה. אתם עוזרים לילדים. מה אתם חושבים ומרגישים?

קבוצה 1 מקבלת עזרה. מקפיאים את הפעולה. אתם מקבלים עזרה.

מה אתם חושבים ומרגישים?

שימו לב שהרגשות של כל אחד נובעים ממחשבה!

מילים גנדרניות

כדאי לדעת מילים אלה ולהשתמש בהן:

אמיצה – חסרת פחד, גיבורה

בדיוק – אותו דבר

גאווה – שביעות רצון, סיפוק, נחת

חולפת – זמנית, באה והולכת, עוברת

חולק – להיות שותף, להתחלק ב-

חכם – מלא תובנות

לדמיין – לראות משהו באמצעות החשיבה שלך

להרפות – לעזוב, להניח, לשחרר

מודאגת – מוטרדת, מפוחדת

מוטרדת – מודאגת, לחוצה, לא בטוחה, חסרת בטחון

נובע – זורם מ-, יוצא מ-, עולה מ-, מקורו ב-

סבבה – טוב, בסדר גמור

עשבים שוטים – צמחים המזיקים לגידולים אחרים

פחד – הרגשה שעומדים בפני סכנה או משהו רע, דאגה, חששות

רגשות – מחשבות בפעולה, מתרחשים בתוככם

רווחה נפשית – הרגשה טובה ובריאה, להרגיש בסדר גמור, להרגיש סבבה

תמה – פליאה על דבר שנראה לו משונה, מוזר או מפתיע

3. האושר בתוכי

כשעננים מכסים את השמש, אנחנו יודעים שהשמש עדיין בשמיים.

כשהעננים חולפים, אני יודעת שנראה שוב את השמש.

המחשבות המעוננות שלי חולפות גם הן. כשזה קורה אני מרגישה מאושרת. פשוט לראות את זה. האושר נמצא בתוכי!

פרק 3: האושר בתוכי

קדימה הצטרפו!

בפרק 2 למדנו שהרגשות שלנו נוצרים על ידי המחשבות שלנו. בפרק 3 היו מוכנים לגלות את האושר בתוככם.

בואו נלמד משהו חדש:

אני מקשיב למדריך הפנימי שלי.

מחשבות מועילות צצות.

ההרגשה הטובה שלי נוכחת שוב.

סיפורה של גלי

גלי הייתה מאד מאושרת כשהייתה ממש קטנה. אחיותיה הגדולות אהבו לשחק איתה. כשגדלה, הן הפסיקו לשחק איתה. הן רק אמרו לה מה לעשות. גלי כעסה כשלא היו נחמדות אליה. היא תמיד שאלה "למה?" ו"איך?" איש לא ענה לה. היא הייתה רק ילדה קטנה.

גלי הייתה הכי קטנה בבית, אך הכי גדולה בכיתתה. גלי התחילה להיות מגעילה. עד מהרה, אף אחד לא רצה להיות איתה בקבוצה. גלי הייתה מבואסת. עמוק בפנים היא באמת רצתה להיות חברותית. בעיקר היא חשה כועסת ועצובה.

עמוק בפנים היא באמת רצתה להיות חברותית.

הכיתה החלה לעבוד על פרויקט עם חברים גדולים מהתיכון. הם תכננו לבנות עיר תוך שימוש בקופסאות, חבלים, צבעים והרבה דברים כיפיים.

גלי צוותה עם ילד שמח ואכפתי בשם אורי. אורי יכול היה לראות שגלי לא הייתה ידידותית בכלל. אורי הקשיב למדריך הפנימי שלו. מחשבה מועילה צצה. "אולי גלי פשוט לא יודעת להתנהג אחרת."

אורי היה נחמד לגלי. הוא חלק איתה רעיונות. ככל שהיה נחמד יותר, הפכה גלי למגעילה יותר. היא זעמה על אורי. היא אפילו אמרה שהרעיונות שלו טיפשיים.

בשעה הראשונה, אורי וגלי בקושי התחילו לעבוד על הפרויקט. פעמון ההפסקה צלצל. גלי יצאה מיד החוצה. היא התיישבה על הספסל מתחת לעץ האלון העתיק. היא הרימה את עיניה לעבר העננים החולפים בשמיים. כאשר השמש יצאה שוב, היא הרגישה את חומה.

אחרי ההפסקה, שוב הגיע זמן העבודה על הפרויקט המשותף. "מה עשית בהפסקה?" אורי שאל.

"פשוט ישבתי מתחת לעץ הגדול והעתיק," גלי אמרה.

אורי חייך. "איזה רעיון אדיר. הטבע הוא חבר של כולם!"

הטבע הוא חבר של כולם!

גלי עשתה פרצוף, אבל אורי המשיך להיות נחמד. הוא הביט בה ואמר: "יש לי משהו לספר לך. זה ממש מועיל. את מוכנה להקשיב?" גלי הנהנה לאיטה בראשה.

"כשהיית בחוץ, אולי שמת לב לעננים החולפים. כשהם חלפו, הרגשת שוב את השמש החמה. אותו דבר נכון לגביך ולגבי. תני למחשבות לא מועילות לעבור כמו עננים. הרגשות הטובים שלך יחזרו. חשבי רגע, האם היית אי פעם מאושרת?"

גלי שתקה. היא הביטה בידיה ואמרה: "האחיות שלי שיחקו איתי כשהייתי קטנה. אז הייתי מאד מאושרת."

"אז את כן יודעת איך זה להרגיש מאושרת. זה מצוין. החדשות הטובות הן שאת יכולה להיות מאושרת עכשיו!"

גלי קימטה את אפה. "איך?"

אורי הביט בעיניה. "אני יודע שאת יכולה להרגיש מאושרת. האושר נמצא בתוך כל אדם. האושר נמצא בתוכך."

"בתוכי?" גלי שאלה.

אורי חייך. "נכון. המחשבות שלך פשוט מכסות אותו לפעמים. תני למחשבות עצובות לחלוף. מחשבה מועילה תצוץ. הרגשת האושר שלך תחזור!"

אורי סיפר לגלי שהוא קרא ספר על ילדה בשם ליזה. "אמא של ליזה לימדה אותה שמחשבות שמחות מביאות ימים שמחים, ומחשבות עצובות מביאות ימים עצובים. אני חושב שזה היגיון פשוט! גם את חושבת כך?"

גלי הנהנה. היא הרגישה נינוחה ושמחה. עכשיו הייתה סקרנית לגבי הפרויקט.

עד מהרה חלקו גלי ואורי המון רעיונות עבור החלק שלהם בבניית העיר. גלי אמרה לאורי שהיא הלכה לתצפית בבניין רב קומות.

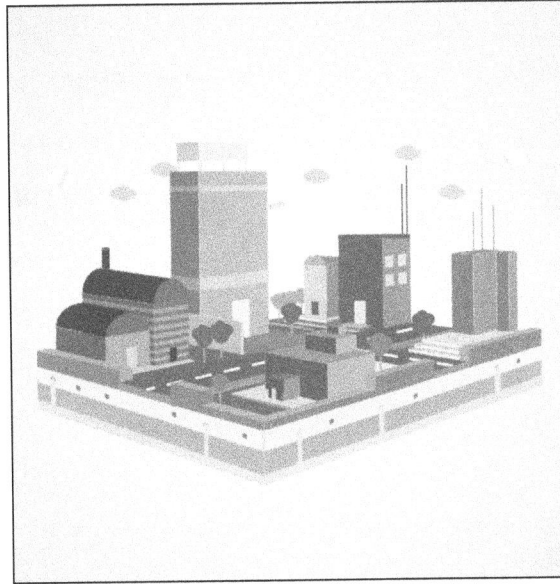

אורי חייך. הוא אמר שהם יכולים לבנות בניין רב קומות. הם גם יכולים לבנות מעלית חיצונית. גלי אהבה את הרעיון! היא תהתה איך יוציאו אותו לפועל.

הייתה להם התחלה טובה בבניית הבניין שלהם לפני שהגיע הזמן להפסיק. אורי אמר: "תני כיף! בואי נצטרף לקבוצה ונחלוק את הרעיונות שלנו!"

תגובות לקריאה

הצטרפו לשיחה

מה היה השינוי הגדול ביותר עבור גלי?

איך גלי תתייחס לחבריה לכיתה מעכשיו?

מה אורי, החבר הגדול, מקווה שתלמדו מגלי?

חברו את הנקודות

"אני יודע שאת יכולה להרגיש מאושרת. אושר נמצא בתוך כל אדם. האושר נמצא בתוכך."

במילים שלכם, מהו אושר?

איך אתם מבחינים בו? איך מרגיש אושר?

היו מלאי פליאה

היו סקרנים! חקרו את הנקודות המועילות הבאות:

אני מקשיבה למדריך הפנימי שלי. מחשבות מועילות צצות.

ההרגשה הטובה שלי נוכחת שוב.

הראו את ההבנה שלכם

חשבו מה הייתם אומרים למישהו על להיות חברותי והתחלת חברות. כתבו או ציירו ביומן שלכם. אתם יכולים לחבר משפטים, לערוך רשימה, או להשתמש ברעיונות משלכם.

פעילויות

צרו עבודת אמנות גדולה, בהירה ויפה

עבדו בזוגות. הראו איך מחשבות מעוננות כמו עצב "מכסות" אושר.

מצלחת נייר הכינו מסיכה שנראית כמו השמש:

גזרו את מרכז הצלחת כך שניתן יהיה לראות את הפנים שלכם.

הוסיפו משולשי נייר כקרני שמש סביב קצה הצלחת.

חברו ידית ממקל מלאכה לצלחת.

22

החזיקו את המסכה על פניכם. תנו לפנים שלכם להיראות שטופי שמש.

אז, גזרו צורת ענן מנייר צבעוני. כתבו מילה אחת או יותר על הענן כדי לציין מחשבות מעוננות. חברו ידית ממקל מלאכה לענן.

בתורות – תהיו פעם השמש ופעם והענן. הזיזו את הענן לפני השמש כדי להראות כיצד מחשבות מעוננות מכסות את השמש. אם אתם "הענן", אתם יכולים גם להיות הרוח שמעיפה את הענן. השמש יכולה להעלות רגשות שטופי שמש כאשר הענן חולף.

שחקו ותיהנו: לב מאושר

עמדו וצרו מעגל. תנו ידיים. החליטו מי מתחיל. זה שמתחיל מרים את ידו ו"מעביר זרם" על ידי הרמה והורדה של היד בתנועה גלית לעומד משמאלו. השני מעביר את הזרם לשלישי וכך הלאה עד שהזרם חוזר להתחלה. עשו זאת מספר פעמים.

שמתם לב לשינוי בחשיבה או בהרגשה שלכם? מה קרה לכל הקבוצה?

מילים גנדרניות

כדאי לדעת מילים אלה ולהשתמש בהן:

אושר – שמחה, חדווה, סיפוק

היגיון פשוט – היגיון בריא, שכל ישר,

חברות – קשר בין חברים

חברותי – ידידותי, אדיב, נחמד, אהוד

להוציא לפועל – לגרום לרעיון להתממש

מגעילה – אכזרית, לא נחמדה

נוכחת – נמצאת ברגע הזה, נמצאת כאן ועכשיו, נמצאת בתוככם, נמצאת איתכם

נוצר – התחיל להתקיים או להתרחש, נעשה

נינוחה – רגועה, שלוה

פרויקט – נושא שחוקרים או לומדים

צוות – קבוצה של בני אדם הפועלים יחד כדי למלא תפקיד מסוים

צצה – מופיעה, כמו ב- "מחשבה צצה"

שינוי – תיקון או חידוש במשהו כך שיהיה אחר

תהתה – שאלה את עצמה

4. מהירים וסוערים או רגועים וסקרנים

אם נשליך שק חול כבד מתוך כדור פורח באוויר, משקל הכדור ישתנה ובאופן טבעי הכדור יתרומם יותר גבוה.

אם אשליך את המחשבות הכבדות שלי, טבעי שהרגשות שלי יתרוממו.

אני מרגישה קלילה. אני רגועה וסקרנית. יש לב קליל בתוכי!

פרק 4: מהירים וסוערים או רגועים וסקרנים

קדימה הצטרפו!

בפרק 3 למדתם שהאושר בתוכנו. בפרק 4 תלמדו שאתם יכולים לבחור להיות מהירים וסוערים או רגועים וסקרנים.

בואו נלמד משהו חדש:

אני יכולה לראות שהחשיבה שלי מהירה וסוערת.

אני יכול לבחור לשחרר את זה.

אני יכולה להיות רגועה וסקרנית.

סיפורה של יעל

היום הוא יום המשפחה השנתי. זה תמיד ממש כיף. יעל בבית, מביטה מהחלון. היא קופצת וצועקת: "אמא הגיעה!" אמה הגיעה הביתה מהעבודה עם הקניות.

"אמא, אמא!" יעל צועקת. היא קופצת מעלה ומטה ומושכת בזרועה של אימה. עגבניות מתגלגלות על הרצפה. "אופס!" יעל אוספת את העגבניות ומפילה אותן על השולחן.

יעל מושכת את כפותיו הקדמיות של הכלב. היא רוקדת במעגלים עם הכלב. יעל כמעט ללא נשימה. יעל מתרגשת.

"מתי נוכל ללכת ליריד? יהיו שם מתנפחים? נוכל להישאר עד הסוף? יהיה שם צמר גפן מתוק? אני אוכל לעלות על מתקן הכדור הפורח? אנחנו באמת חייבים לקחת את התינוק? את חושבת שאראה את החברות שלי? מותר לי להסתובב איתן? תרשי לי? כן? כן?" יעל אומרת כל מה שצץ במוחה.

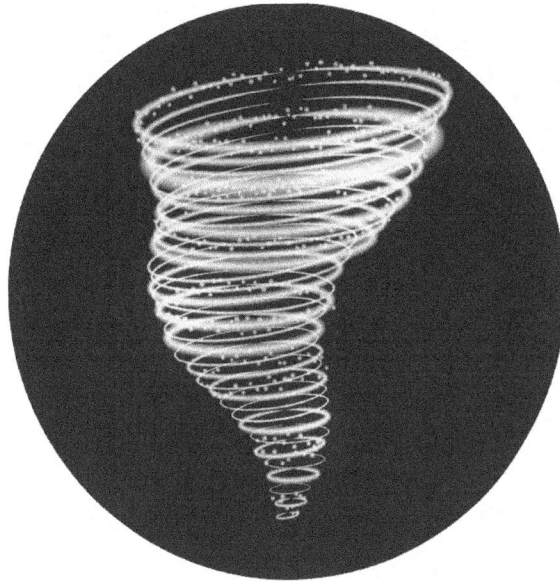

יעל עדיין מסתחררת בפראות עם הכלב.

"יעל, יעל, בבקשה! את מדברת כל כך מהר שאני אפילו לא יכולה לענות לך. תסתכלי על הכלב העייף. תסתכלי על אחיך התינוק. הוא חושש שאולי תדרכי עליו!"

אמא מניחה את ידיה על כתפיה של יעל. "תקשיבי לי, יעל. יש לך חשיבת טורנדו. זה קורה לכולנו. אני לא אקח אותך ליריד כשאת סוערת ככה."

אמא מביטה בעיניה של יעל. "את יכולה לשים לב מתי החשיבה שלך מהירה וסוערת. את יכולה לבחור לשחרר את זה. את יכולה להיות רגועה וסקרנית. כל התשובות יבואו.

"אנחנו נהנה מאד. הגיוני להשתמש באנרגיה שלך כדי לעזור. את יכולה לעזור לנו להתכונן ליציאה."

יעל רואה שאמא לא כועסת. יעל יודעת שאמא צודקת. היא משחררת את הכלב ופשוט נעצרת. "אני רוצה ללכת ליריד! אמא, בואי נתכונן. איך אני יכולה לעזור?"

יעל עוזרת לאמא שלה לסדר את הקניות. אז היא עוזרת לארוז תיק ליציאה. עכשיו הן מוכנות לצאת. הן עולות על האוטובוס ליריד. יעל אומרת ברוגע: "אמא, עכשיו אני מבינה שחשבתי כמו טורנדו. ועכשיו אני פשוט כל כך שמחה שאנחנו הולכים ליריד!"

27

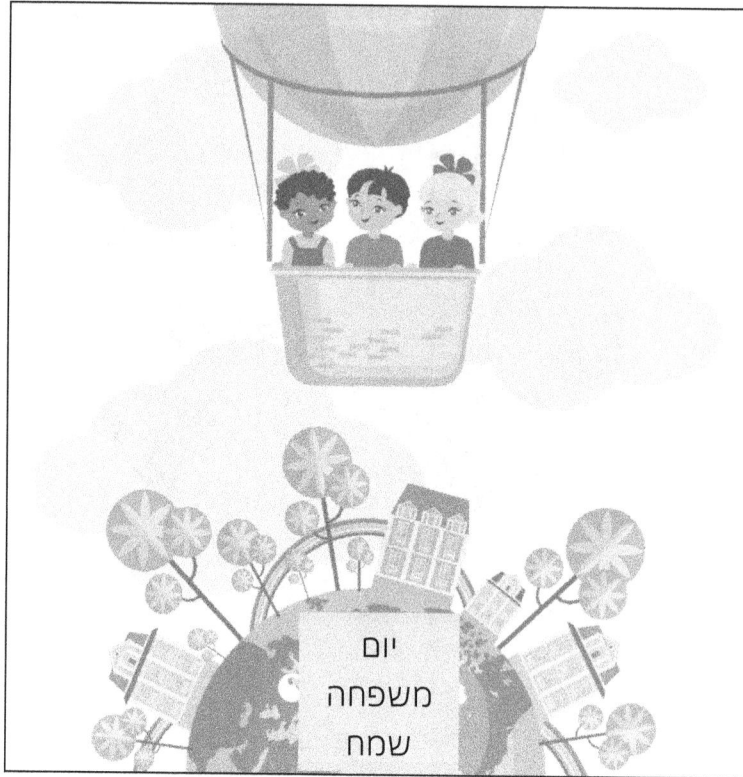

יום
משפחה
שמח

אימה מחייכת. "עכשיו את רגועה וסקרנית. לפני כן הסתחררת כמו טורנדו. אני שמחה שהשתמשת בהיגיון הבריא שלך."

"לשתינו יש דרך חדשה לדבר על סערת רגשות. מעכשיו אנחנו יכולות לעזור זו לזו."

"ועכשיו גם אני סקרנית מה יהיה ביריד. בואי נלך ליהנות!"

תגובות לקריאה

הצטרפו לשיחה

איך היה נראה יומה של יעל לו הייתה ממשיכה לחשוב כמו טורנדו?

כשיעל רגועה וסקרנית, מה היא עושה?

מה הדבר החשוב שאמא של יעל מקווה שתלמדו מהסיפור?

חברו את הנקודות

"זה הגיוני להשתמש באנרגיה שלכם כדי לעזור."

איך עזרתם בבית או בבית ספר?

איך זה מרגיש להיות מועיל?

היו מלאי פליאה

היו סקרנים! חקרו את הנקודות המועילות הבאות:

אנחנו יכולים לראות שהחשיבה שלנו מהירה וסוערת. אנחנו יכולים לבחור לשחרר אותה. אנחנו יכולים להיות רגועים וסקרנים.

הראו את ההבנה שלכם

חשבו על זמן בו בחרתם לשחרר מחשבות והייתם רגועים וסקרנים. כתבו או ציירו ביומן שלכם. אתם יכולים לחבר משפטים, לצייר מפת חשיבה, או להשתמש ברעיונות משלכם.

פעילויות

צרו עבודת אמנות גדולה, בהירה ויפה

ציירו תמונה של הפנים שלכם בחצי התחתון של הדף. בחצי העליון ציירו שתי בועות מחשבה גדולות. בבועה אחת, הראו מחשבה מהירה וסוערת. בשנייה, הראו מחשבה רגועה וסקרנית.

ראשית שתפו את התמונה שלכם עם הקבוצה, לאחר מכן הציגו להנאת אחרים.

שחקו ותיהנו: מחשבות ורגשות משתנים

האם שמתם לב שהמחשבות שלכם יכולות להשתנות? החשיבה שלכם יכולה להשתנות ממהירה וסוערת לרגועה וסקרנית. גם מזג האוויר משתנה. לפעמים מזג האוויר הוא סוער כמו טורנדו ולפעמים הוא רגוע ושקט.

הניחו תמונות אלה של מזג אוויר סביב אולם ההתעמלות: מעונן, גשום, מושלג, שטוף שמש וסוער. בכל סיבוב כולם עומדים במרכז, המנהיג מכריז על אחד מסוגי מזג האויר ואתם בוחרים איך לנוע לכיוון התמונה: בקפיצה, בריצה, על קצה האצבעות, או בדילוג – בהתאם לאופן שבו אתם מרגישים ביחס לתמונה. שימו מוזיקה ותיהנו!

האם שמתם לב שהמחשבות שלכם יכולות להשתנות כמו מזג האוויר?

איך זה מרגיש כשהחשיבה שלכם משתנה מסוערת לרגועה?

מילים גנדרניות

כדאי לדעת מילים אלה ולהשתמש בהן:

אנרגיה – כוח

באופן טבעי – בצורה רגילה, באופן אוטומטי

חושש – דואג, חושב שמשהו לא בסדר, פוחד שמשהו יקרה

טבעי – ללא עזרה, באופן אמיתי כשאת/ה "עצמך"

טורנדו – סערה, "סערה מחשבתית", "סחרור מחשבתי"

יריד - חגיגה, פסטיבל

יתרומם – יעלה, ימריא, ינסוק

לבחור - להעדיף

מסתחררת – מסתובבת, נעה במעגל

נשליך – נזרוק; ניפטר מ-

סוער – לא שקט, רועש, גועש, "חושב יותר מדי"

סערת רגשות – התרגשות פנימית, השתוללות רגשית

קליל – קל מאד

31

5. ליהנות מחברות

אתם והחברים שלכם מסתכלים על אותה שקיעה.

כל אחד חושב את המחשבות שלו.

כל אחד רואה את השקיעה בדרך שלו. זה טבעי.

פרק 5: ליהנות מחברות

קדימה הצטרפו!

בפרק 4 למדתם שאתם יכולים לבחור להיות מהירים וסוערים או רגועים וסקרנים. בפרק 5 תגלו שאתם יכולים ליהנות מחברות.

בואו נלמד משהו חדש:

לחברים יש רעיונות שונים.

המדריך הפנימי שלי עוזר לי להקשיב לחברים שלי.

כולנו יכולים לשנות את עמדתנו.

סיפורם של דניאל ויואב

לדניאל ויואב יש מזל! הם הכירו זה את זה בבית ספר. הם הפכו לחברים טובים בגן המשחקים. יואב רצה שדניאל יבוא לישון אצלו. הוריהם הסכימו. הבנים התרגשו!

דניאל היה מלא רעיונות לקראת הלילה המשותף. הוא אמר להוריו: "נשחק במשחק החדש שלי בבית של יואב כל הלילה. אנחנו יכולים לבנות תחנת חלל. אני גם אקח את ספר הבדיחות שלי."

אחרי ארוחת הערב, אבא של דניאל הסיע אותו לבית של יואב. דניאל צלצל בפעמון. יואב הגיע לדלת, חסר נשימה.

יואב אמר: "אבא שלי ואני הקמנו אוהל בחורשה שמאחורי הבית. נוכל לשחק תופסת פנסים ולאכול חטיפים מוזרים כמו צ'יפס חגבים מטוגנים. נספר סיפורים מפחידים כל הלילה. בוא, תיכנס!"

דניאל היה בהלם. הפנים שלו האדימו. "זה לא נשמע כיף. לאכול צ'יפס חגבים מטוגנים זה מוזר. אני הולך הביתה!"

הוא הסתובב מיד ורץ חזרה למכונית. דניאל היה נסער. הוא לא נשאר!

דניאל אמר לאביו: "בוא נסתלק מכאן מהר! התכניות של יואב כל כך גרועות. אני לא יכול לישון בחורשה. יכול להיות שיש שם תנים. יואב אפילו לא שאל אותי מה אני רוצה לעשות."

אבא של דניאל פשוט ישב שם. הוא הניח לדניאל לדבר אבל לא התניע את המכונית. הוא לא אמר דבר. הוא פשוט השאיר את זה לדניאל להחליט.

לדניאל היו מחשבות רבות. "אני בטוח שיש דברים מפחידים בחורשה. אני לא יכול לאכול צ'יפס חגבים מטוגנים. הבטן שלי מתהפכת רק מלחשוב על זה. רציתי מאד לשחק במשחק החדש שלי על מסך הטלוויזיה הגדול של יואב. אני מחבב את יואב מאד."

אני לא יכול לאכול צ'יפס חגבים מטוגנים. הבטן שלי מתהפכת רק מלחשוב על זה!

אבא שם לב שדניאל התרווח בכיסאו ואמר: "פשוט תהיה שקט לרגע. זה כמו לחכות שהאור האדום ברמזור יתחלף בירוק. הרעיונות הטובים ביותר באים כשאתה רגוע."

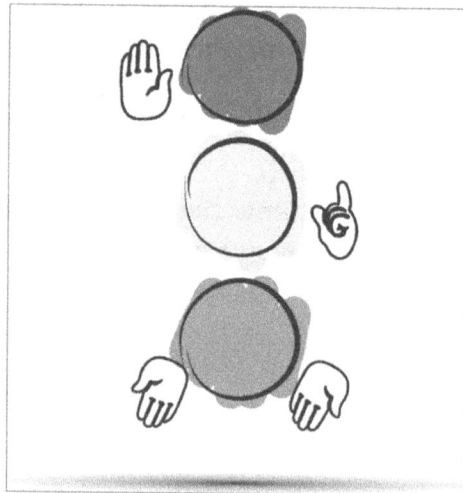

אבא הסביר: "זה טבעי שלחברים יש רעיונות שונים. אתם יכולים להקשיב זה לזה. המדריך הפנימי שלכם עוזר לכם לעשות זאת. זה הגיוני שכל אחד מכם יבחר לשנות קצת את עמדתו."

דניאל אמר: "אנחנו באמת יכולים ליהנות מהמשחק החדש שלי. אני יודע שיואב רק רוצה שיהיה לנו כיף ביחד."

"אז מה איתך, מותק? אתה רוצה לדבר עם יואב לכמה דקות?" אבא שאל.

דניאל נרגע ודעתו השתנתה. הוא אמר: "ובכן, עכשיו אני די רוצה להישאר יותר ממה שאני רוצה לחזור הביתה. אז, בסדר, אני חושב שאצלצל שוב בפעמון. אל תיסע!"

בפנים, אמא של יואב דחקה בו לבדוק מה קורה עם דניאל. יואב כמעט בכה והיה מאד אומלל. הוא פשוט רצה לבלות לילה כיפי עם דניאל. יואב התחיל לפתוח את הדלת כדי לצאת למכונית. דניאל עמד שם מוכן לצלצל בפעמון.

שניהם הופתעו וצחקקו. "יואב, נוכל לעשות תכנית אחרת? אולי נוכל ללכת לאוהל בפעם אחרת?" יואב הנהן. דניאל סימן לאביו להביא את התיק שלו.

דניאל העיף מבט מהיר סביב החורשה לפני שהם התחילו לשחק בבית. יואב היה ממש טוב במשחק של דניאל.

יואב הגיש את כל החטיפים המוזרים שלו.

הפתעה! למחרת בבוקר, דניאל ויואב ביקשו לבלות יחד לילה נוסף כדי שיוכלו לישון באוהל שבחורשה. שני הילדים הקשיבו למדריך הפנימי שלהם, השתמשו בהיגיון בריא ודעתם השתנתה. הם נהנים מהחברות!

תגובות לקריאה

הצטרפו לשיחה

האם הם באמת אכלו צ'יפס חגבים מטוגנים?

איך השפיעה העובדה שדעתו של דניאל השתנתה על הבילוי המשותף?

מה אתם חושבים שהבנים רוצים שתזכרו מהסיפור הזה?

חברו את הנקודות

"פשוט תהיו שקטים לרגע. זה כמו לחכות שהאור האדום ברמזור יתחלף בירוק. הרעיונות הטובים ביותר באים כשאתם רגועים."

חשבו על מקרה שעשיתם את זה.

היו מלאי פליאה

היו סקרנים! חקרו את הנקודות המועילות הבאות:

לחברים יש רעיונות שונים. המדריך הפנימי שלנו עוזר לנו להקשיב לחברים שלנו. המחשבות והרגשות שלנו, ובעקבותיהם הדעות שלנו, יכולים להשתנות.

סדנת כתיבה

ראיונות בתורות

ראיינו אחד את השני. היזכרו מתי עשיתם תוכניות עם חבר/ה חדשים וכולכם נהניתם.

אתם יכולים להיות רגועים וסקרנים כדי להיזכר אילו רעיונות היו לכם ולחברים שלכם. איך החלטתם מה לשחק? מה הכי אהבתם?

סיפור על יצירת חברויות ושמירה עליהם

לכל סיפור יש התחלה, אמצע וסוף. השתמשו במדריך הפנימי שלכם כדי לעזור לכם ליצור חברויות ולשמור עליהם. כתבו סיפור על זמן שתכננתם תוכניות עם חבר/ה, אבל לכל אחד מכם היו רעיונות משלו.

עם אילו רעיונות שונים התחיל כל אחד?

איך כל אחד מכם הרגיש לגבי הרעיונות שלו?

האם שיניתם את דעתכם כך ששני הצדדים נהנו?

מה כל אחד הכי אהב?

כתבו טיוטה. השתמשו בכמה מהמילים הגנדרניות שלמדתם.

בקשו עזרה בעריכה. העתיקו לנקי.

הוסיפו תמונה גדולה, בהירה ויפה.

קראו את הסיפור שלכם בקול רם. צרפו אותו לסיפורים של חברי הכיתה על "יצירת חברויות ושמירה עליהן."

שני כוכבים ומשאלה

קראו מחדש את הסיפור שלכם. ציינו שני דברים טובים בכתיבה שלכם. ציינו דבר אחד שתשפרו בסיפור הבא שלכם.

פעילויות

צרו עבודת אמנות גדולה, בהירה ויפה

ציירו וצבעו איך נראה לדעתכם צ'יפס חגבים מטוגנים. בינתיים, הסתירו את הציור שלכם מאחרים. כשתסיימו, השוו בין התמונה שלכם לתמונות של אחרים.

מדוע כל תמונה שונה?

שחקו ותיהנו: מחשבות משתנות כמו צבעי הרמזור

אחד מחברי הקבוצה נבחר להיות "רמזור". הגב שלו לקבוצה. הקבוצה נמצאת בצד השני של המגרש. כאשר "הרמזור" אומר "אור ירוק", כולם רצים לגעת בכף ידו של ה"רמזור". אם במהלך המשחק מישהו נוגע ב"רמזור", הוא הופך להיות "הרמזור"!

כאשר "הרמזור" אומר "אור אדום", כולם עוצרים. אם "הרמזור" מסתובב כשהוא אומר "אור אדום" ורואה מישהו רץ, זה שרץ יוצא מהמשחק. חוזרים על הפעולה עד שכולם יוצאים מהמשחק.

איך זה הרגיש לעשות דבר אחד ובמהירות לעשות דבר אחר?

מה עזר לכם לעקוב אחרי ההוראות המהירות?

מילים גנדרניות

כדאי לדעת מילים אלה ולהשתמש בהן:

חסר נשימה – נגמר לו האוויר, קשה לו לנשום, נחנק

ייחודי – מיוחד במינו

להחליט – לבחור

לשפר – לעשות טוב יותר, לתקן

מוזר – משונה, יוצא דופן

פליאה –תמיהה, השתוממות, השתאות, הפתעה

שינוי עמדה – שינוי בגישה, במחשבה וברגש

6. להרגיש סבבה היום .

החשיבה שלי יוצרת את ההרגשה שלי. כך נראה העולם שלי.

אני מקשיב/ה למדריך הפנימי שלי לקבלת תובנות.

טבעי שארגיש סבבה, טבעי שארגיש הכי טוב בעולם!

פרק 6: להרגיש סבבה היום

קדימה הצטרפו!

בפרק 5 למדתם שאתם יכולים ליהנות מחברות. בפרק 6 נחקור איך זה להרגיש סבבה היום.

בואו נלמד משהו חדש:

אני יכולה לחשוב יותר מדי.

אני יכול להיתקע במחשבה אחת.

אני מרגישה סבבה כשהחשיבה במידה הנכונה.

סיפורה של משי

משי מתרגשת! היא נוסעת לבקר את בת-דודתה אלה.

משי אוהבת את בת-דודתה. משי תחגוג את יום הולדתה השמיני בזמן שתהיה שם. היא ואלה חולקות את אותו תאריך לידה. השנה אלה תהיה גדולה בדיוק פי שלושה ממשי.

אלה בוגרת עכשיו וכל כך כיף לדבר איתה. תמיד יש לה רעיונות טובים לדברים שאפשר לעשות. ברגע שמשי הגיעה, לאלה היה רעיון לרכוב על אופניים לפארק.

ילדים רבים שיחקו בפארק. משי נשארה קרוב מאד לבת דודתה. אלה התיישבה על ספסל בפארק.

"לכי, שחקי ותיהני. אני אסתכל עליך." אלה אמרה.

"ומה אם אף אחד לא ירצה לדבר איתי? ומה אם אף אחד לא ישחק איתי? מה אם הם יחשבו שאני לא שייכת לכאן? מה אם הם יהיו רעים אליי? אוי לא! מה אם..." אמרה משי.

אלה הפסיקה אותה. "וואו! את חושבת יותר מדי!"

"אני אהיה כל כך עצובה אם הם לא יאהבו אותי. מה אם הם לא יאהבו אותי? הייתי צריכה להישאר בבית, איפה שאוהבים אותי!" משי נאנחה.

"משי, שימי לב, את נתקעת על מחשבה אחת! בואי שבי לידי." אלה טפחה על הספסל. "את מכירה את הסיפור על זהבה ושלושת הדובים, נכון?"

"מה עם זה?" משי שאלה.

אלה הסבירה: "זהבה גילתה שקערת דייסה אחת הייתה חמה מדי, קערה אחת הייתה קרה מדי וקערה אחת הייתה בדיוק בטמפרטורה הנכונה. זה קצת דומה למה שקורה לנו בחיים האמתיים עם המחשבות שלנו. יכולה להיות לנו חשיבה שהיא בדיוק במידה הנכונה."

אלה אמרה: "חשיבה רבה מדי היא מהירה וסוערת כמו טורנדו. קשה לדעת מה לעשות. זה אף פעם לא מוביל לכיף!

חשיבה מועטה מדי זה להיות תקועים על מחשבה אחת. זה גם לא מוביל לכיף!"

את מרגישה סבבה כשהחשיבה שלך במידה הנכונה. כאשר את מרגישה סבבה, את מקשיבה למדריך הפנימי שלך. קל להבחין ברעיונות חדשים מועילים. הם נקראים תובנות. וזה כמובן מוביל לכיף!"

"בסדר, אז מה עכשיו?" שאלה משי.

"אז בואי נחכה קצת. תובנה יכולה לעזור לך. אני חושבת שתדעי מה תרצי לעשות" אמרה אלה. שתיהן ישבו בשקט ופשוט התבוננו בילדים.

"אני אוהבת את הסולם האופקי," משי אמרה לבסוף. "עשינו הרבה תרגילי טיפוס ואיזון בהתעמלות בשנה שעברה."

"אני לא מופתעת! ראיתי אותך קופצת כמו קוף. קפצת על מיטת ההורים שלי כשהיית כאן בשנה שעברה. צחקנו כל כך!"

"אה, כן! אמא שלך אפילו התעצבנה עליך. היא אמרה שהיית צריכה לעצור אותי."

"זו הייתה מסיבת יום הולדת כיפית! את יודעת מה את רוצה לעשות היום?" אלה שאלה.

"הו, בדיוק הייתה לי תובנה! אני אתחיל עם מה שאני אוהבת. אני רוצה שתסתכלי עלי. אני כבר ממש טובה על הסולם האופקי!"

משי החלה לטפס על הסורגים. היא נהנתה להיתלות הפוך ולעשות איזון מפואר. אלה עודדה אותה. עד מהרה ילדים אחרים הסתכלו על משי. הם התקרבו ובקשו ממשי להראות להם את המהלכים הכי טובים שלה.

אלה ראתה שבת דודתה נהנית עכשיו. משי לא עשתה שום דבר כדי שזה יקרה. זה היה טבעי; הן פשוט צחקו כשחשבו על הקפיצות על המיטה. משי הרגישה נהדר. היא הרגישה סבבה, היא הרגישה הכי טוב בעולם!

תגובות לקריאה

הצטרפו לשיחה

משי חשבה יותר מדי כשהגיעה לפארק.

מה קורה כשאתם חושבים יותר מדי?

איך משי הרגישה בסוף הסיפור?

תארו הרגשת סבבה כשהייתם בפארק.

מה הייתה אלה רוצה שתזכרו מהסיפור הזה?

חברו את הנקודות

אתם מרגישים סבבה כשהחשיבה שלכם במידה הנכונה. כאשר אתם מרגישים סבבה, אתם מקשיבים למדריך הפנימי שלכם. קל להבחין ברעיונות חדשים מועילים. הם נקראים תובנות.

תארו פעם שבה הייתה לכם תובנה מועילה.

היו מלאי פליאה

היו סקרנים! חקרו את הנקודות המועילות הבאות:

אנחנו יכולים לחשוב יותר מדי. אנחנו יכולים להיתקע על מחשבה.

אנחנו מרגישים סבבה כשהחשיבה שלנו בדיוק במידה הנכונה.

סדנת כתיבה

חברו שיר על מה שלמדתם

חברו שיר עם אחת מהכותרות הבאות: "המדריך הפנימי שלי," "השכל הישר שלי," "החכמה שלי" או השתמשו במשהו אחר שלמדתם.

חשבו על צורת השיר, המבנה, ההרגשה והדימויים.

כתבו טיוטה. השתמשו בכמה מהמילים הגנדרניות שלמדתם.

בקשו עזרה בעריכה. העתיקו את השיר לנקי.

הוסיפו תמונה גדולה, בהירה ויפה.

צרפו את השיר שלכם לספר השירים הכיתתי, והוסיפו אותו לספריית הכיתה.

חברו שיר על החיים שלכם

להלן כמה רעיונות לבחירה:

על מה אתם חושבים...

על מה אתם חולמים...

מה מאד חשוב לכם...

איך אתם מדמיינים את האושר שלכם...

אילו רגשות חזקים יש לכם...

תנו כותרת לשיר:

חשבו על צורת השיר, המבנה, ההרגשה והדימויים.

כתבו טיוטה. השתמשו בכמה מהמילים הגנדרניות שלמדתם.

בקשו עזרה בעריכה. העתיקו את השיר לנקי.

הוסיפו תמונה גדולה, בהירה ויפה.

צרפו את השיר שלכם לספר השירים הכיתתי, והוסיפו אותו לספריית הכיתה.

שני כוכבים ומשאלה

קראו מחדש אחד מהשירים שלכם. ציינו שני דברים טובים בכתיבה שלכם. ציינו דבר אחד שתשפרו בשיר הבא שלכם.

מפגש שירה

תכננו מפגש שירה מהנה כדי לדקלם את השיר שלכם לקבוצה:

איזה שיר יבחר כל אחד לדקלם?

מי ידבר ראשון?

האם תשמשו במיקרופון?

את מי תזמינו?

האם יהיו לכם קישוטים וכיבוד?

האם יהיה מקום לאורחים לכתוב ממה נהנו?

תעשו חיים! הקדישו זמן – אפשרו לכל אחד לומר איך זה הרגיש לדקלם את השיר שלו.

פעילויות

צרו עבודת אמנות גדולה, בהירה ויפה

הכינו מפה בצורת לב של האנשים והדברים שאתם אוהבים.

איך הרגשתם כשהכנתם את המפה?

שחקו ותיהנו: בחרו מה שמרגיש נכון

שחקו במגרש המשחקים. שימו לב לכל אפשרויות הבחירה השונות. ילדים בוחרים במה שמרגיש להם נכון לעשות. עקבו אחרי המדריך הפנימי שלכם. מצאו את מה שמרגיש לכם נכון והצטרפו לכיף!

מילים גנדרניות

כדאי לדעת מילים אלה ולהשתמש בהן:

בחירה – החופש לבחור; להחליט מה טוב ונכון עבורנו.

דימוי – השוואה של דבר אחד לדבר אחר כדי להבליט את מה שמתארים או כדי להרחיב אותו

טיוטה – נוסח ראשון

טמפרטורה – מידת חום או מידת קור

לחלום בהקיץ – לחשוב ולדמיין דברים שהיינו רוצים

מידה נכונה – כמות נכונה

תקוע - שקוע, יושב בקביעות, אינו מסוגל לזוז.

47

7. לראות את האחר ולעזור לו

אני מרגישה סבבה. אני רואה כשמישהו זקוק לעזרה. אני מקשיבה למדריך הפנימי שלי ויודעת להגיש עזרה או לקבל עזרה.

פשוט להבחין בזה. טבעי לעשות את זה.

פרק 7: לראות את האחר ולעזור לו

קדימה הצטרפו!

בפרק 6 למדתם שזה טבעי להרגיש סבבה. בפרק 7 היו מוכנים לגלות איך לראות את האחרים ולעזור להם.

בואו נלמד משהו חדש:

כשאני מרגיש סבבה החשיבה שלי רגועה וסקרנית.

אני שם לב כשמישהו זקוק לעזרתי.

המדריך הפנימי עוזר לי לדעת מה לעשות.

סיפורם של עידו ונתן

עידו מרגיש סבבה רוב הזמן! הוא וחבריו לכיתה למדו להקשיב למדריך הפנימי שלהם. הקשבה לתובנות עוזרת לכל אחד מהם לדעת מה לעשות. הם בעיקר רגועים וסקרנים עכשיו.

טבעי עבורם להיות טובי לב, חברותיים ומועילים – בכיתה, במגרש המשחקים ובבית. התלמידים מוצאים שזה קל להיות אכפתיים ולשתף. הם רואים כשמישהו זקוק לעזרה. כל אחד זקוק לעזרה לפעמים.

קל להיות אכפתי ולשתף.

עידו מבחין מתי הוא מרגיש טוב. עידו גם יכול להבחין כשהוא לא מרגיש טוב. הוא מקשיב למדריך הפנימי שלו. לא חולף זמן רב והוא שוב מרגיש מאושר. עידו אומר שזה נכון לגבי כל אחד.

עידו רואה מתי מישהו אחר זקוק למעט עזרה. הוא שם לב לנתן שגר בקרבת מקום. נתן צעיר מעידו בשנתיים. שניהם אוהבים לשחק כדורגל. כמעט בכל יום הם בועטים בכדור הלוך ושוב. עידו משחק בקבוצה כבר שנתיים. נתן רק מתחיל.

בהתחלה נתן שמח להצטרף לקבוצה. ואז הוא שאל: "מה אם אני לא טוב כמו שאר הילדים בקבוצה?" עידו רואה שנתן זקוק לעזרה. לעידו יש תובנה! הוא מבקש להצטרף למשחק האימונים הראשון של נתן. נתן אומר בהיסוס "טוב, בסדר. לפחות אני יודע שאתה חבר שלי."

הם הולכים לאימון. עידו מסביר: "כשהתחלתי לשחק כדורגל, רק צפיתי וצפיתי. אבא שלי אמר לי שלהתאמן זו הדרך להשתפר. הייתי כל כך מפוחד. הרגליים שלי קפאו אבל ידעתי שאבא שלי צודק. עכשיו אני יודע שלשחק זה הרבה יותר כיף מסתם לצפות בילדים האחרים!"

לשחק זה הרבה יותר כיף מסתם לצפות בילדים האחרים!"

"אתה מתאמן הרבה. עכשיו אתה ממש טוב. אבא שלך צודק!" נתן הוסיף.

נתן צפה במחצית הראשונה של המשחק. הגיע תורו להיכנס. "הילדים החדשים האחרים הרבה יותר טובים. אני לא רוצה לשחק!" הוא לחש בקול רם לעידו.

עידו אמר בשקט: "פשוט תחכה קצת. תראה איך אתה מרגיש. אתה תדע איך לשחק. כשהתחלתי בקבוצה, כל הזמן נפלתי. שכבתי על הדשא יותר משבעטתי בכדור!"

נתן השפיל את מבטו והניע את רגליו בחוסר נוחות. הוא רץ למגרש בדיוק כשהמשחק התחיל שוב. השחקנים רצו במגרש מצד לצד. נתן נתן מסירה נהדרת וחברו לקבוצה הכניס גול!

עכשיו נתן היה בהגנה. השחקנים בקבוצה היריבה עשו כמה מהלכים מהירים. נתן נפל על הדשא! השחקן הכניס גול. פניו של נתן האדימו. הוא באמת רצה לרדת מהמגרש.

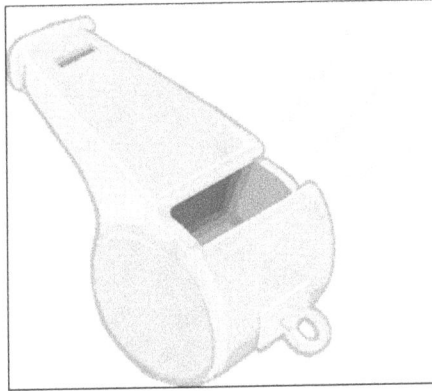

כשנשמעה השריקה, הוא רץ אל עידו. "ראית אותי? אני לא יכול לעשות את זה!"

עידו הסתכל על נתן. "טוב, זה עשוי להרגיש רע לקבל מכה במשחק. ראיתי אותך מתגבר על זה כשאנחנו משחקים בפארק. אתה יכול לעשות את זה גם במגרש הכדורגל."

נתן עצר את נשימתו. "אתה רוצה שאני פשוט אתגבר על זה?"

עידו הוסיף: "זה תלוי בך. אני יודע שכדורגל זה כיף!"

"טוב, אני באמת רוצה לשחק" השיב נתן.

"אתה לא צריך להישאר במשחק. אבל אם אתה נישאר, אז תרגיש טוב עם הבחירה שלך! רק אז תהיה במיטבך," אמר עידו.

הם הלכו הביתה אחרי המשחק. עידו אמר לנתן: "המסירה שלך לחלוץ הייתה מדהימה! הוא הכניס גול בזכותך" נתן הרים מבט אל עידו וחייך.

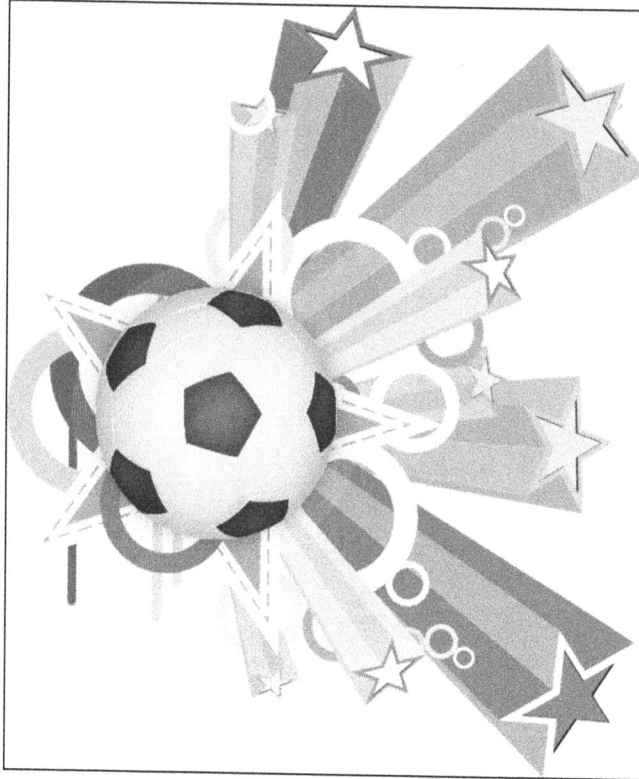

עידו אמר לנתן: "אבא שלי אומר שאנחנו יכולים להתאמן ולהיות שחקני קבוצה טובים! לפעמים אני עדיין מתעצבן כמו טורנדו. אני מתגבר על זה ומרגיש טוב שוב. אני באמת אוהב להיות בקבוצת כדורגל. אז אתה רוצה להתאמן איתי מחר?"

נתן קימט את פניו. "כן, אני רוצה להשתפר! ואני אוהב להתאמן איתך. אז כן!"

תגובות לקריאה

הצטרפו לשיחה

נתן חושב רק על ההחמצה שלו. איך הוא מרגיש?

איך נתן מרגיש כשהוא חושב על המסירה המדהימה שלו?

האם נתן יישאר בקבוצה או יעזוב?

מה עידו מקווה שתלמדו מהסיפור הזה?

חברו את הנקודות

זה טבעי להיות טובי לב, חברותיים ומועילים – בכיתה, במגרש המשחקים ובבית. התלמידים מוצאים שזה קל להיות אכפתיים ולשתף.

מה ידוע לכם על אכפתיות ושיתוף?

היו מלאי פליאה

היו סקרנים! חקרו את הנקודות המועילות הבאות:

כשאנחנו מרגישים סבבה החשיבה שלנו רגועה וסקרנית. אנחנו שמים לב כשמישהו זקוק לעזרתנו. המדריך הפנימי עוזר לנו לדעת מה לעשות.

סדנת כתיבה

ספר הסיפורים שלי

יש לכם סיפורים חשובים לספר. כתבו את הסיפורים שלכם על שייכות, למידה, עשייה ועזרה.

כתבו טיוטה לכל חלק, השתמשו בכמה מהמילים הגנדרניות שלמדתם. בקשו עזרה בעריכה. העתיקו את הסיפורים שלכם לנקי.

הוסיפו תמונה גדולה, בהירה ויפה לכל חלק.

עמוד השער: כולל את שם הסיפור, תמונה ושם המחבר.

חלקי הספר

חלק 1: שייכות

כתבו על השתייכות לקבוצה. מה אתם אוהבים לגבי זה?

חלק 2: למידה או מחקר

כתבו על למידה או מחקר. מה אתם אוהבים לגבי זה?

חלק 3: יצירה או עשייה

כתבו על יצירה או עשייה של משהו שעשיתם לבד. מה אתם אוהבים לגבי זה?

חלק 4: לראות את האחר ולעזור לו

כתבו על פעם בה ראיתם אדם זקוק לעזרה. האם הגשתם עזרה או ביקשתם עזרה עבור האדם הזה? מה אתם אוהבים לגבי מתן עזרה?

שני כוכבים ומשאלה

קראו מחדש את הספר שלכם. ציינו שני דברים טובים בכתיבה שלכם. ציינו דבר אחד שתשפרו בסיפור הבא שלכם.

מעגל שיתוף הסיפורים

כל ילד בוחר להקריא בפני הקבוצה חלק אחד מהספר שלו.

מחליטים מי יקרא ראשון.

התלמידים אומרים דבר אחד שהם אהבו בכל סיפור.

תעשו חיים ותיהנו מהסיפורים זה של זה!

הניחו את ספר הסיפורים שלכם עם האחרים בספריה הכיתתית.

פעילויות

שחקו ותיהנו: לראות אחד את השני ולעזור

כדורגל או משחק ספורט אחר: שחקו בצורה הוגנת, שמרו על התורות כשצריך.

ארגז חול: שחקו יחד בארגז החול וצרו כל מה שעולה בדמיונכם.

כדור: עם בן/בת זוג, שחקו מסירות ושמרו על הכדור באוויר.

כששיחקתם – איך עזרתם זה לזה? איך הרגשתם כשעזרתם?

מילים גנדרניות

כדאי לדעת מילים אלה ולהשתמש בהן:

להגן - לשמור, להשגיח על השער מפני הכנסת גול.

לקמט - ליצור קמטים, ליצור קפלים, לכווץ.

לראות – להבין, להבחין.

לתרגל - להתאמן, לחזור שוב ושוב, לעשות חזרות, לבצע תרגילים.

מחקר – חיפוש, העמקה, סקירה

שייכות – הרגשת קירבה וחיבור, להיות חלק מקבוצה.

55

8. להכיר את עצמנו

לומדים יקרים,

המשיכו להקשיב למדריך הפנימי שלכם! אתם תדעו מתי אתם מרגישים סבבה. תנו לרגשות שלכם להיות המדריך שלכם. זכרו להיות רגועים וסקרנים.

דעו שלחברים יכולים להיות רעיונות שונים. הקשבה מביאה לשינוי עמדה. חשיבה במידה הנכונה עוזרת לכם להיות חברותיים, אדיבים ועוזרים.

המדריך הפנימי שלכם תמיד נוכח. עם חכמה זו, אתם יכולים לחיות כבני אדם מאושרים.

תודה שהצטרפתם למסע למידה זה!

מסע מאושר!

פרק 8: להכיר את עצמי

תזכורות שימושיות

חזרו על כמה פרקים בכל פעם. בכל פעם שאתם עושים זאת, אמרו מה חשוב לכם. שימו לב לרעיונות החדשים שלכם.

פרק 1: גלו את המדריך הפנימי שלכם

יש לכם מדריך פנימי - חכמה ושכל ישר. לכל אחד יש מדריך פנימי. פשוט חפשו את ההרגשה. אתם יכולים לסמוך על המדריך הפנימי שלכם. הוא מכוון אתכם לדרך הנכונה.

פרק 2: הרגשות שלי נובעים ממחשבות

המחשבה שלנו יוצרת הרגשה. כל הרגשות שלנו נובעים ממחשבות. אנחנו נותנים למחשבות לא רצויות לחלוף, והרווחה הנפשית מורגשת.

פרק 3: האושר בתוכי

אנחנו מקשיבים למדריך הפנימי שלנו. מחשבות מועילות צצות. ההרגשה הטובה שלנו נוכחת שוב.

פרק 4: מהירים וסוערים או רגועים וסקרנים

אנחנו יכולים להבחין כשהחשיבה שלנו מהירה וסוערת. אנחנו יכולים לבחור לשחרר אותה ולהיות רגועים וסקרנים.

פרק 5: ליהנות מחברות

לחברים יש רעיונות שונים. המדריך הפנימי שלנו עוזר לנו להקשיב לחברים שלנו. כולנו יכולים לשנות את עמדותינו.

פרק 6: להרגיש סבבה היום

אנחנו יכולים לחשוב יותר מדי. אנחנו יכולים להיתקע על מחשבה. אנחנו מרגישים סבבה כשהחשיבה שלנו במידה הנכונה.

פרק 7: לראות את האחר ולעזור לו

כשאנחנו מרגישים סבבה, החשיבה שלנו רגועה וסקרנית.

אנחנו שמים לב כשמישהו אחר זקוק לעזרה. המדריך הפנימי עוזר לנו לדעת מה לעשות.

פעילויות

מעגל השייכות שלי

בקשו ממבוגר לעזור לכם להכין את "מעגל השייכות" שלכם. ציירו מעגל עם השם שלכם במרכז.

ממי תוכלו לבקש עזרה? חשבו על בן/בת משפחה, חבר/ה, חבר/ה לכיתה, מורה, או מישהו מהקהילה שלכם. כתבו שמות אלה סביב המעגל.

סמכו על החכמה שלכם, היא תמיד נוכחת ועוזרת. יתכן שתזדקקו לעזרה מאנשים שאתם מכירים.

החלומות שלנו

מה אתם חולמים להיות או לעשות? ציירו או כתבו על חלום זה ביומן שלכם. דברו על זה עם מבוגר שאתם נהנים להיות איתו.

הכרזה האישית שלי

איך אתם אוהבים לחשוב על עצמיכם? צרו כרזה.

בראש הדף כתבו: שמי... ואני חכמ/ה בפנים.

ואז העתיקו וסיימו את המשפט על ידי הוספת המילים האלה: ואני גם...

השתמשו בכמה מילים שאתם רוצים. חלקם יכול להיות מהרשימה הזו:

אדיב/ה	מאושר/ת	נמרץ/ת
אכפתי/ת	מבין/ה	נעים/ה
אמיץ/ה	מוכשר/ת	סבלני/ת
אסיר/ת תודה	מלא/ת תקווה	עדינ/ה
בטוח/ה	מנומס/ת	עוזר/ת
בריא/ה	משעשע/ת	עליז/ה
חברותי/ת	משתפ/ת פעולה	רגוע/ה
חזק/ה	מתחשב/ת	שלו/ה
נבון/ה	נאמן/ה	שמח/ה
יצירתי/ת	נדיב/ה	נמרצ/ת

מתחת למשפטים שלכם ציירו תמונה גדולה בהירה ויפה. צרו משהו שמייצג רק אתכם.

שתפו את הכרזה שלכם בקבוצה. הציגו את עבודת האמנות שלכם להנאת אחרים!

לכולנו יש את המדריך הזה!

יום אחד תהיו מוכנים. יום אחד תעופו.

אתם תדעו מתי, אתם תדעו איך!

פשוט הקשיבו פנימה. לכולנו יש את המדריך הזה!

באהבה, הוטי ופיפ

פרק 9: מילים גנדרניות

הסבירו מילים אלה. כדאי לדעת מילים אלה ולהשתמש בהן:

א

אושר – שמחה, חדווה, סיפוק

אמיצה – חסרת פחד, גיבורה

אנרגיה – כוח

ב

באופן טבעי – בצורה רגילה, באופן אוטומטי

בדיוק – אותו דבר

בחירה – החופש לבחור; להחליט מה טוב ונכון עבורנו.

בטוח – מרגיש טוב, מרגיש בנוח

ג

גאווה – שביעות רצון, סיפוק, נחת

גנדרני – מהודר, יפה

ד

דימוי – השוואה של דבר אחד לדבר אחר כדי להבליט את מה שמתארים או כדי להרחיב אותו

ה

היגיון פשוט – היגיון בריא, שכל ישר,

המדריך הפנימי שלי – החכמה שלי, השכל הישר שלי, התובנה שלי

ח

חברות – קשר בין חברים

חברותי – ידידותי, אדיב, נחמד, אהוד

חולפת – זמנית, באה והולכת, עוברת

חולק – להיות שותף, להתחלק ב-

חושש – דואג, חושב שמשהו לא בסדר, פוחד שמשהו יקרה

חכם – מלא תובנות

חכמה – תובנה, לדעת מה נכון לעשות

חסר נשימה – נגמר לו האוויר, קשה לו לנשום, נחנק

ט

טבעי – ללא עזרה, באופן אמיתי כשאת/ה ״עצמך״

טורנדו – סערה, "סערה מחשבתית", "סחרור מחשבתי"

טיוטה – נוסח ראשון

טמפרטורה – מידת חום או מידת קור

י

ייחודי – מיוחד במינו

יריד - חגיגה, פסטיבל

יתרומם – יעלה, ימריא, ינסוק

ל

לבחור - להעדיף

לדמיין – לראות משהו באמצעות החשיבה שלך

להגן - לשמור, להשגיח על השער מפני הכנסת גול.

להוציא לפועל - לגרום לרעיון להתממש

להחליט – לבחור

להקשיב – להאזין עמוקות, כמו "להאזין עם הלב"

להרפות – לעזוב, להניח, לשחרר

לחלום בהקיץ – לחשוב ולדמיין דברים שהיינו רוצים.

ליצור – לעשות יש מאין

לקמט - ליצור קמטים, ליצור קפלים, לכווץ.

לראות – להבין, להבחין.

לשפר – לעשות טוב יותר, לתקן

לתרגל - להתאמן, לחזור שוב ושוב, לעשות חזרות, לבצע תרגילים.

מ

מאושר – מרגיש טוב, שמח

מגעילה – אכזרית, לא נחמדה

מודאג – מבואס, מפוחד, מוטרד

מודאגת – מוטרדת, מפוחדת

מוזר - משונה, יוצא דופן

מוטרדת – מודאגת, לחוצה, לא בטוחה, חסרת בטחון

מועיל - שימושי

מחקר – חיפוש, העמקה, סקירה

מחשבה – הכוח לחשוב, הכוח ליצור רעיונות

מידה נכונה – כמות נכונה

מסתחררת – מסתובבת, נעה במעגל

נ

נובע – זורם מ-, יוצא מ-, עולה מ-, מקורו ב-

נוכחת – נמצאת ברגע הזה, נמצאת כאן ועכשיו, נמצאת בתוככם, נמצאת איתכם

נוכחת – נמצאת ברגע הזה, נמצאת כאן ועכשיו, נמצאת בתוככם, נמצאת איתכם

נוצר – התחיל להתקיים או להתרחש, נעשה

נינוחה – רגועה, שלוה

נשליך – נזרוק; ניפטר מ-

ס

סבבה – טוב, בסדר גמור

סוער – לא שקט, רועש, גועש, "חושב יותר מדי"

סערת רגשות – התרגשות פנימית, השתוללות רגשית

סקרנית – מגלה התעניינות

ע

עשבים שוטים – צמחים המזיקים לגידולים אחרים

פ

פחד – הרגשה שעומדים בפני סכנה או משהו רע, דאגה, חששות

פליאה –תמיהה, השתוממות, השתאות, הפתעה

פרויקט – נושא שחוקרים או לומדים

צ

צוות – קבוצה של בני אדם הפועלים יחד כדי למלא תפקיד מסוים

צצה – מופיעה, כמו ב- "מחשבה צצה"

ק

קליל – קל מאד

ר

רגוע – שלו, שקט, דומם

רגשות – מחשבות בפעולה, מתרחשים בתוככם

רווחה נפשית – הרגשה טובה ובריאה, להרגיש בסדר גמור, להרגיש סבבה

ש

שייכות – הרגשת קירבה וחיבור, להיות חלק מקבוצה.

שינוי – תיקון או חידוש במשהו כך שיהיה אחר

שינוי עמדה – שינוי בגישה, במחשבה וברגש

שכל ישר – הכוח שלכם לעשות בחירות נבונות וטובות, היגיון בריא

ת

תהתה – שאלה את עצמה

תובנה – מחשבה חדשה ומועילה; רעיון ייחודי, חדש ומועיל

תמה – פליאה על דבר שנראה לו משונה, מוזר או מפתיע

תקוע - שקוע, יושב בקביעות, אינו מסוגל לזוז

סקירה כללית של תכנית הלימודים המקיפה של המדריך הפנימי שלי

צרו קשר: myguideinside.com

המדריך הפנימי שלי (מפ"ש) הוא תכנית לימודים מקיפה הכוללת שלושה חלקים לילדים מגיל גן עד י"ב. התכנית מבוססת על סיפורים המכסים תכנים המותאמים לרמת התפתחות הגילאים השונים ומהווה תהליך למידה מתמשך לאורך שנות בית הספר. כמורים, אתם בוחרים את רמת *המדריך* המתאימה לתלמידים שלכם במסגרת החינוכית הספציפית שלכם. ספר I (מבוא, יסודי) ספר II (המשך, ביניים) וספר III (מתקדם, תיכון) מספקים להנהלת בית הספר תכנית הדרכה רציפה על מנת לשתף את שלושת העקרונות עם תלמידים בכל הכיתות.

המדריך הפנימי שלי, ספר I מציע סיפורים ופעילויות המעודדים הצלחה.

- רמת השתתפות אידיאלית: יסודי (גילאי 4-8, כיתות גן-ג')
- רמת קריאה: "קלה לקריאה" (גילאי 6-8, כיתות ב-ג)
- גמישות: קורס רגיל או מותאם לתלמידים השונים
- מסגרת: כיתתית, קבוצה קטנה או פרטנית
- פורמט: כולל תלמידים בהכוונה עצמית העובדים באופן עצמאי
- מסגרת זמן אידיאלית: פתיחת התכנית בתחילת שנת הלימודים לשם בניית קהילה וטיפוח אופטימיות

מטרות ספר I: העקרונות הנדונים בספר פועלים בכל בני האדם, כולל ילדים. תכנית הלימודים מציגה את הדרך לשלמות, אושר, יצירתיות ורווחה בכל תחומי החיים. לפיכך, ל*מדריך הפנימי שלי* מטרות אקדמיות גלובליות: (1) טיפוח רווחה אישית מתוך הבנת עקרונות אלה ו-(2) פיתוח מיומנויות תקשורת, חשיבה ואחריות אישית וחברתית. *המדריך הפנימי שלי* משיג מטרות אלה על ידי שימוש בסיפורים, דיונים ופעילויות כתיבה ויצירה שונות, בעודו מקדם מיומנויות שפה וכמה תחומים אחרים.

גילוי המדריך הפנימי הוא המפתח ללמידה והוא משפר את יכולתם של הילדים לקבל החלטות, לנווט בחיים ולבנות מערכות יחסים בריאות. גישה זו לחכמה טבעית משפיעה על רווחה נפשית ורוחנית, על אחריות אישית וחברתית, ועל זהות אישית ותרבותית חיובית. למידה חברתית-רגשית, כולל נחישות, ויסות עצמי ויעילות עצמית הם גם תוצאות טבעיות של מודעות גבוהה יותר לחכמה הפנימית/"המדריך פנימי". הבנה זו ממקסמת את הרווחה האישית ומשפרת את האקלים הבית ספרי, התנהגות הלומדים וביצועים אקדמיים.

ללמוד, לחיות ולשתף: ההרגשה שמביאים כל יום לכיתה מורי *המדריך הפנימי שלי* היא 'תכנית הלימודים' החיונית והמשאב הגדול ביותר להשפעה ישירה על התלמידים. במילים אחרות, הלמידה של המורים עצמם מאפשרת להם לחיות את העקרונות בכך שהם נמצאים באופן טבעי במצב של נתינה, חמלה, הבנה ושמחה בכיתה. ברגע שהמורים בלתי פורמליים וטבעיים, הם משתפים את העקרונות דרך תחושה חיובית. זה מעצים ומחזק את התלמידים יותר מכל מערך שיעור רשמי. הבנתם העמוקה של המורים והניסיון האישי שלהם עם העקרונות האלה מוציאים את המיטב מכל התלמידים. ככל שהמורים לומדים וחיים את העקרונות האלה ללא הרף, שיתוף הבנה זו עם התלמידים הופך ליעיל ביותר.

מדריך המורים לכל ספר מכיל מערכי שעורים, הערכות "לפני" ו"אחרי", פעילויות, מדדי הערכה ומשאבים. תכנית הלימודים, המבוססת על עקרונות אוניברסליים, מיועדת לשימוש ברחבי העולם עם תלמידים בכל הרמות. קווים מנחים מתוכניות לימודים של קנדה, ארה"ב ובריטניה מנחים עבודה זו. את כל הספרים, כולל פרסומים אלקטרוניים לבתי ספר, ניתן להשיג באתר myguideinside.com.

My Guide Inside® Pre-K–12 Comprehensive Curriculum

Campsall, C. with Marshall Emerson, K. (2018). *My Guide Inside, Learner Book I.* Campsall, C. with Marshall Emerson, K. (2018). *My Guide Inside, Teacher's Manual, Book I.*

Campsall, C., Tucker, J. (2016). *My Guide Inside, Learner Book II.* Campsall, C. with Marshall Emerson, K. (2017). *My Guide Inside, Teacher's Manual, Book II.*

Campsall, C. with Marshall Emerson, K. (2017). *My Guide Inside, Learner Book III.*
Campsall, C. with Marshall Emerson, K. (2017). *My Guide Inside, Teacher's Manual, Book III.*

Supplemental Children's Picture Book

Campsall, C., Tucker, J. (2018). *Whooo ... has a Guide Inside?*

אודות המחברות

כריסטה קמפסול (מימין) היא חלוצה בהבאת שלושת העקרונות לחינוך א׳-י״ב. מאז 1975, הם מהווים את הבסיס לעבודתה כמורה בכיתה, כמורה לחינוך מיוחד וכמדריכת מורים. כריסטה קיבלה הדרכה מסידני בנקס לאורך שנות הקריירה שלה והוא הסמיך אותה ללמד את שלושת העקרונות. היא בעלת BEd ו-DiplSpEd מאוניברסיטת קולומביה הבריטית ו-MA מאוניברסיטת רויאל רודס. היא ובעלה גרים בסולט ספרינג איילנד, קולומביה הבריטית.

קת'י מרשל אמרסון (משמאל) היא מייסדת ומנהלת ״מרכז משאבים לחוסן לאומי״, המנחה הכשרות מבוססות על שלושת העקרונות לשינויים מערכתיים בבתי ספר ובקהילות. סדרת הוובינרים המקוונת החינמית שלה ״מחנכים חיים בשמחת הכרת הטוב״ זמינה ברחבי העולם. הסדרה מציגה תוצאות של מחנכים ותיקים בינלאומיים המשתפים את העקרונות במשך למעלה מארבעים שנה בכיתות, בסדנאות בית ספריות ובהשתלמויות סטודנטים. היא בעלת תואר שני מאוניברסיטת דרום קליפורניה וחברת סגל משלים באוניברסיטת מינסוטה.

מה אומרים מורים על המדריך הפנימי שלי

"אני אוהבת את הסיפורים של המפ"ש ואני חושבת שמורים יכולים לקרוא ולדון בהם. אוצר המילים העקבי מגן עד כיתה ג' הוא שימושי, כך שילדים יכולים להמשיך להשתמש במיומנויות שהם לומדים מכיתה לכיתה בזמן שהם עוברים ממורה אחד למשנהו. אני ממליצה בחום להוסיף את התוכנית שלכם לאזורי הרגולציה של בתי הספר לילדים צעירים."

לינדה בקרמן, מורה ביסודי, ונקובר, קולומביה הבריטית, קנדה

"כמנהל כבר למעלה משלושים שנה, הייתי לעיתים קרובות עד ממקור ראשון למאבקיהם חסרי המנוחה של ילדים ובני נוער רבים כשהם מתחילים להרגיש בנוח בתוך עורם. תכנית הלימודים הישירה, הפשוטה אך העמוקה של כריסטה עוזרת למורים להפנות בני נוער לכיוון המדריך הפנימי שלהם, למהות שלהם ולחכמה שלהם. אני ממליץ על המדריך הזה למורים כמקור תמיכה רב עוצמה. הוא עוזר לכולנו לזכור מי אנחנו באמת... אהבה טהורה."

פיטר אנדרסון, *Cert. Edn. Adv. Diploma* (קיימברידג׳),
מנחה שלושת העקרונות, מנהל, יועץ, אסקס, בריטניה

"היה לי מזל מדהים להכיר באופן אישי את סידני בנקס, וגדלתי מוקפת בהבנת שלושת העקרונות, שנשארה בלב הגישה שלי כמחנכת. הייתי מורה בבתי ספר בשכונות עוני בבלטימור, מיאמי והברונקס למעלה מ- 12 שנים. בעזרת הבנה פשוטה זו, תלמידים יכולים להחליט כיצד הם רוצים לחוות את החיים באמצעות ההתייחסות שלהם למחשבות האישיות שלהם. ראיתי תלמידים אגרסיביים הופכים למשכני שלום, ילדים ביישניים וחסרי ביטחון הופכים למנהיגים בטוחים, ואת רמת המודעות והאמפטיה עולה בתוך בית הספר כולו. אני שמחה ונרגשת למחשבה שילדים רבים יראו ויחוו תכנית לימודים זו. להבנה זו יש כוח לשנות את החינוך ואת החוויה הבית ספרית בקנה מידה עולמי!"

כריטינה ג. פוקיו, מורה מנחה/מאמנת, ברונקס, ניו-יורק

"תכנית לימודים מרכבת להפליא זו היא חובה למנהלי בתי ספר, מורים ועוזרי מורים. היא מכוונת את המחנכים והתלמידים למצב נפשי טבעי של רווחה. כל המשתתפים מקבלים הזדמנויות רבות ללמוד מתוך שמחה וגישה לשכל הישר ולחכמה המולדת בכל תחומי החיים. *המדריך הפנימי שלי* הוא גישה הוליסטית עם מהות האנושיות שלנו בבסיסה."

דין ריס אוונס, MSc
מורה, חוקר, מנחה לרווחה נפשית, מקסוויל, דרום ויילס החדשה, אוסטרליה

"הורים ומורים כאחד ימצאו שזה משאב מועיל בעבודה עם ילדים ונוער כדי למצוא את החכמה הטמונה בכל אחד מהם, ולפתח אסטרטגיות לפתרון בעיות בעזרת המדריך המיוחד שלהם."

קלדה לוגן
מנהלת, סולט ספרינג איילנד, קולומביה הבריטית, קנדה

"סיפורים אותנטיים אלה הם פשוטים ועם זאת עמוקים, ויש להם יכולת להוביל את התלמידים למדריך הפנימי שלהם. "

ברב אוסט, *BEd, MEd*, מנהלת, יועצת חינוכית וסופרת,
סולט ספרינג איילנד, קולומביה הבריטית, קנדה.